EXAMEN

DU PROJET DÉ LOI

SUR LA PAIRIE.

IMPRIMERIE DE SELLIGUE,
RUE DES JEUNEURS, N° 14.

EXAMEN

DU PROJET DE LOI

SUR LA PAIRIE.

PAR

M. EUGÈNE RENAULT,

AVOCAT A LA COUR ROYALE DE PARIS.

PARIS.

CHEZ BLAISE, RUE DE L'ARBRE-SEC, N° 22;

Et chez les principaux Libraires.

—

AOUT 1831.

EXAMEN

DU PROJET DE LOI

SUR LA PAIRIE.

Le projet de loi sur la pairie, présenté à la Chambre des Députés dans la séance du 27 août, par M. Casimir Périer, président du conseil des ministres, ne soulève aucune question nouvelle; mais la solution qu'il donne aux questions déjà discutées, et les *motifs* de cette solution méritent un examen spécial. Le langage de M. le président du conseil doit surtout appeller les méditations des hommes qui ne sont point indifférens aux destinées futures de leur pays. Jamais *exposé des motifs* n'a plus nettement mis au jour l'esprit d'un projet de loi; on peut dire du discours de M. Périer, malgré toutes ses contradictions, qu'il est la *loi vivante.* Examinons donc quel est ce projet de loi et quelles doivent être ses conséquences présentes ou futures, rapprochées ou éloignées.

Le projet repousse l'hérédité, non pas parce que cette institution est opposée à l'esprit de notre régime politique, non pas parce qu'elle est pernicieuse et mauvaise en principe; au contraire, le ministère, par l'organe de son président, déclare à la France que l'hérédité de la pairie est la seule théorie politique qui soit en harmonie avec la *nature* de son gouvernement; il développe avec complaisance ses immenses avantages, et critique avec plus de complaisance encore le système opposé. Mais, comme la nation ne *veut* pas d'une institution qu'elle considère comme absurde dans son principe, dans ses conséquences et dans son application, le ministère fait momentanément au pays le sacrifice de ses théories politiques.

Assurément je ne reprocherai point aux membres du ministère d'avoir sur l'hérédité de la pairie des idées opposées à celles de la nation; les opinions sont libres. J'avouerai cependant que je ne conçois guère comment une administration qui est en opposition avec le *pays entier* sur une question de cette nature, qui embrasse à elle seule tont un système de gouvernement, peut se trouver à la tête des affaires? Il me semble que l'aveu d'une semblable dissidence équivaut à une déclaration de guerre faite aux intérêts et aux idées du pays; c'est en vain que l'on voudrait isoler la question de la pairie; elle renferme tout le système gouvernemental de la France, et il me semble impossible que l'administration qui soutient l'hérédité de la pairie puisse jamais, sur quelque question que ce soit, s'harmoniser avec les adversaires de cette institution.

Mais ce que l'on concevra plus difficilement encore, c'est que M. Périer, qui a déclaré hautement, et avec jactance, à tous ceux qui ont voulu l'entendre, qu'il suivrait invariablement son sysstème, soit venu à la tribune nationale présenter un projet de loi dont la disposition capitale renverse de fond en comble toutes ses théories politiques!

Un ministère qui, dans une juste défiance de lui-même, abaisse sa raison devant la raison nationale, et fait le sacrifice au pays de ses idées personnelles, a droit à la reconnaissance et à l'estime publiques; mais il serait embarrassant de qualifier la conduite du ministre qui déclare que la nation a tort de repousser une institution fondamentale; et qui cependant, pour conserver une majorité parlementaire, se conforme, en persistant dans ses principes, au vœu de l'immense majorité. C'est là une conduite qui pourrait paraître déterminée par le désir de conserver les rênes de l'état; car il faut avouer qu'en pareille circonstance le ministre aurait été plus à l'aise sur les bancs de l'opposition.

M. Périer laisse à la chambre des députés, dont la majorité lui est connue, *une part, une grande part de responsabilité* dans la solution de cette question; mais il en assume une autre part qu'il s'est empressé d'arracher au pouvoir *constituant.* N'eût-il pas été plus convenable, plus dans nos habitudes constitutionnelles, que le ministère prît toute la responsabilité ou la laissât tout entière à la chambre des députés ? *Fais ce que dois, advienne que pourra.*

Les explications du ministère sur l'hérédité de la pairie sont essentielles à consulter; elles révèlent l'esprit qui a présidé à la rédaction du projet de loi.

Si le ministère a été contraint d'abandonner l'hérédité, il a fait tous ses efforts pour obtenir un résultat semblable, et, je pourrais dire, plus pernicieux encore. Ne pouvant nous imposer les caprices de la naissance, il veut absolument que nous subissions ceux des hommes; car il accorde à la couronne, c'est-à-dire aux ministres, le droit de nommer les pairs.

Pour combattre les partisans de l'élection des membres composant la chambre des pairs, M. le président du conseil déclare d'abord que la création des pairs accordée au roi est une institution *monarchique*, et, qu'à ce titre, elle doit réunir tous les suffrages. Sans doute la France veut un trône *monarchique*. Sans doute, elle veut sa consolidation ; mais elle repousse les *institutions monarchiques* ; elle repousse le droit d'aînesse, qui est une institution monarchique ; l'hérédité, les majorats, le jurandes, les maîtrises, l'inégalité devant la loi, les seigneuries, les castes, la vénalité des charges, la féodalité, toutes institutions monarchiques. Et que l'on ne prétende pas que c'est pousser à ses dernières conséquences le principe ; Montesquieu, dont M. Périer ne recusera pas l'autorité en pareille matière, s'exprime ainsi : « Abolissez, dans une mouarchie les prérogatives des sei- » gneurs, du clergé, de la noblesse et des villes, vous aurez » bientôt un état populaire ou bien un état despotique. » « Autant le pouvoir du clergé est dangereux dans une ré- » publique, autant il est convenable dans une monarchie. » Partant du principe monarchique, le ministère, à moins d'être inconséquent, devra nous doter de lois conformes à ce système de gouvernement.

C'est une inconcevable naïveté que de recommander un projet de loi en déclarant qu'il renferme des principes et des institutions monarchiques ! Le *bon plaisir* et le *bon vouloir* ne sont plus de mise aujourd'hui.

Sans rappeler ici le malheureux programme de l'Hôtel-de-Ville, on peut dire que la France veut des institutions populaires, des institutions mixtes qui soient modifiées, comme la nature de son gouvernement. La monarchie française, avec ses chambres législatives, avec son jury, avec son égalité, avec sa liberté de la presse, avec sa garde nationale, avec sa Charte enfin, est une monarchie singulièrement tempérée, on peut presque dire bâtarde. Les institutions qui sont destinées à la consolider doivent participer du même principe ; mais l'entourer d'INSTITUTIONS MONAR-

CHIQUES qui attribuent au roi la nomination d'un pouvoir législatif, c'est évidemment lui donner les attributions de la monarchie absolue.

On conçoit que Montesquieu, raisonnant dans l'hypothèse de la monarchie absolue, ait émis ces principes ; on s'explique encore qu'il en ait professé une partie pour une monarchie élective et non héréditaire, quoique la question ici puisse être douteuse ; mais ce qu'on ne peut s'expliquer, c'est que le président du conseil d'un gouvernement comme celui de la France, en 1831, soutienne la nécessité des institutions monarchiques !

M. Périer va plus loin ; il veut attribuer à chacune des deux chambres une mission différente. « La monarchie consti- » tutionnelle porte en elle-même, dit-il, un principe de du- » rée et un principe de progrès, et chacun des deux pouvoirs » délibérans reçoit de la constitution le dépôt d'un de ces » principes. Ainsi, l'un de ces pouvoirs a pour mission de » maintenir la stabilité des institutions fondamentales ; l'autre, » de hâter le développement des lois politiques et admi- » nistratives. La durée est donc le caractère du premier, » la mobilité convient donc au second. » Donc encore si l'un doit être électif, l'autre doit appartenir à l'institution royale.

Admirablement raisonné ! Mais il y a un inconvénient, c'est que la constitution ne dit pas un mot de tout cela ; c'est que jamais principes n'ont été plus opposés à l'esprit de la charte et de notre gouvernement. Il est fâcheux qu'une théorie semblable soit sortie de la bouche du président du conseil, fâcheux pour sa considération personnelle et pour l'opinion que les étrangers pourraient se former de sa capacité d'homme d'état. Comment ! la charte constitutionnelle est confiée à la garde unique de la pairie ! Mais c'est une plaisanterie! Dites donc que la Charte est confiée aux baïonnettes populaires! Lisez plutôt l'art. 66.

Ainsi, M. Périer raisonne d'une part dans l'hypothèse où la France gémirait sous le poids d'une monarchie absolue, d'autre part en prêtant à notre constitution des dispositions contraires à son texte, et à son esprit. C'est une malheureuse argumentation.

La pairie sera-t-elle flattée de la mission stationnaire et rétrograde dont le premier ministre veut bien la doter?

Rentrons dans le vrai : la pairie n'a point une mission spéciale; le but de son institution est d'établir un contrepoids, une balance politique. Une seule chambre peut être égarée par la passion; la seconde, élue à une époque différente, ne partagera pas les mêmes dispositions; et par son veto ou des amendemens sages, préservera la nation des désastres que la précipation ou l'égarement de l'autre pourraient lancer sur le pays. Ce n'est pas la chambre des pairs qui est appelée à réparer les fautes de la chambre élective; mais ces deux pouvoirs se servent de contrôle mutuel. On doit d'ailleurs attendre plus de perfection des lois qui ont subi l'épreuve de deux discussions solennelles.

Voilà évidemment la mission des deux chambres législatives; mais attribuer à l'une aux dépens de l'autre la défense du trône, la garde de la constitution, et une mission rétrograde, c'est professer une théorie insoutenable.

Déjà, dans une précédente publication (1), j'ai exposé les motifs qui me paraissaient s'opposer à ce que la nomination des Pairs de France fût dévolue à la couronne; je crois superflu de les reproduire (2); mais il est bon de re-

(1) *Simples questions sur l'hérédité et la constitution de la pairie en France,* 2ᵉ édition. Juillet 1831.

(2) Je ne reproduis pas non plus le système de constitution de la pairie que j'ai développé dans cette brochure.

marquer que le ministère veut défendre le trône contre *les empiétémens de la démocratie.*

Cette prétention ne doit pas étonner de la part de l'homme qui sollicite de la chambre élective des *institutions monarchiques ;* qui parle des *concessions* (1) faites à la démocratie; mais elle n'est guère en harmonie avec les principes de l'honorable député de 1824, alors le plus redoutable adversaire de M. de Villèle, et l'ennemi déclaré de tout ce qui n'était pas *démocratique.*

M. Périer a donné des motifs fort peu plausibles contre le principe de l'élection; il déclare sans façon que les électeurs ne sont point aussi capables que les ministres de choisir, pour la plus haute magistrature, les notabilités sociales. Il serait curieux de voir la Chambre des Députés admettre ce modeste raisonnement.

Le ministère s'effraie de voir la royauté de juillet *placée entre deux démocraties!* qu'aurait dit M. Périer si M. de Villèle avait prononcé cette phrase? le public fera la réponse... Entourez le trône de démocraties si vous souhaitez qu'il vive des siècles ! si vous voulez l'anéantir, étouffez le sous le poids des aristocraties !

La plus puissante des aristocraties en France sera celle dont l'origine sera populaire; mais il faut bien se convaincre qu'une chambre des pairs à l'instar du parlement anglais est impossible en France; ses élémens manquent au pays. Ne copions donc pas les institutions étrangères. Faisons des lois propres à régir la France et non une autre nation.

Mais ce qui rend encore le système du projet plus dangereux, c'est l'insistance quele ministère met à laisser le nombre des pairs illimité. C'est ici surtout qu'il faut suivre les raisonnemens de M. le président du conseil.

____

(1) M. de Polignac s'écria aussi : *Plus de concessions !*

M. Périer, s'exprime en ces termes :

« Supposez que, dans une chambre des pairs composée
» d'un grand nombre de membres *limité*, une majorité sys-
» tématique, à l'abri des promotions comme de la dissolu-
» tion, se constitue en lutte contre les libertés publiques;
» il faudrait toujours lui sacrifier, en cas de dissidence, la
» chambre des députés, même quand celle-ci aurait pour
» elle la justice et la raison, et si le pays persistait à juger
» dans le sens de la chambre des députés; si la chambre des
» pairs s'obstinait de son côté dans sa résistance, où serait le
» remède » ?

Cette hypothèse ne peut se présenter que dans deux cas:
celui où la nomination des pairs appartiendrait à la couronne, car jamais la nation n'enverra à la chambre des
pairs des hommes opposés à ses intérêts; celui où l'hérédité
serait conservée. Le hasard de la naissance pourrait pro-
duire un phénomène semblable à celui que redoute M. Casimir Périer.

Mais M. Périer a commis une grave imprudence; il avoue
que la pairie doit être nommée par le roi, pour offrir à la couronne une *garantie* contre la démocratie; et que le nombre
des pairs doit être *illimité*, afin que le roi puisse briser une
majorité hostile et systématique. Mais qu'avaient fait M. de
Villèle et Charles X? La chambre des pairs paraissait favo-
riser les principes démocratiques, ils ont ouvert les portes
du Luxembourg à soixante-douze nouveaux dignitaires.
Était-ce une promotion exagérée? Nullement; elle fut à
peine suffisante pour changer la majorité. C'était un droit, et
un droit légitimement exercé, selon les principes de M. Périer. Se refuser à cette conséquence, c'est mentir à l'évi-
dence; il est impossible d'en tirer une autre de l'argumentation de M. le président du conseil. M. de Villèle voyait la

royauté *placée entre deux démocraties*, il voulut la sauver du péril. M. Périer verrait une majorité illibérale dans la chambre des pairs, il la briserait également, comme il briserait une majorité démocratique. C'est une contradiction ! sans doute ; mais est-ce la seule que présente le discours de M. Périer ?

Mais il y a plus : cette argumentation du ministre est la violation la plus flagrante des principes de la Charte de 1830. Les dispositions de cette Charte, après avoir annulé la création des pairs de M. de Villèle, portent : « Et pour prévenir le retour » des graves abus qui ont altéré le principe de la pairie, » l'article 27 de la Charte, qui donne au roi la faculté *illimitée* » de nommer des pairs, sera soumis à un nouvel examen dans » la session de 1831. » Rien de plus clair. Quel est l'abus qui a altéré le principe de la pairie ? Évidemment la faculté *illimitée* de créer des pairs. Donc l'objet de l'examen devait porter sur cette faculté ; la maintenir, c'est une violation de la Charte qui a chassé du Luxembourg les pairs créés pour changer la majorité. On ne peut prétendre que la chambre des députés a la faculté de laisser *illimité* le nombre des pairs ; car alors les pairs exclus, en 1830, l'auraient été sans raison ; il faudrait les réintégrer dans leur dignité. Ainsi M. Périer professe des doctrines opposées aux principes du pacte fondamental.

M. Périer n'a point voulu aborder les autres questions que soulevait cette grande discussion. Le projet de loi ne déclare pas la dignité de pair incompatible avec toutes fonctions publiques salariées autres que celles de ministre. L'égalité des membres de la chambre des pairs n'est pas proclamée ; il y aura encore au Palais du Luxembourg des comtes, barons, ducs et marquis. Et l'on appellera ces dignitaires Pairs de France ! faites-les du moins *égaux* entr'eux !

Le gouvernement repousse le système des candidatures : il a raison ; l'élection directe avec des conditions d'éligibilité, voilà le système le plus national et le plus populaire ; mais la nomination des pairs accordée à la couronne, en nombre limité ou illimité. serait une combinaison plus déplorable que l'hérédité de la pairie. Il n'y a pas un ami du pays qui ne préfère cette dernière institution au bon plaisir d'un ministre, qui choisira toujours des amis ou des complaisans. Profitons au moins une fois des leçons du passé.

La chambre des députés n'admettra certainement pas le projet du ministère ; sauf l'abolition de l'hérédité, il n'y a pas une seule disposition du projet qui mérite de survivre à l'examen.

Je ne dirai pas un mot sur cette étrange prétention de M. Périer de laisser la constitution de la pairie indécise. Le provisoire est fatal aux peuples.

Mais une question grave : Le projet sera-t-il amendé par la chambre élective ? Les députés laisseront-ils le ministère jouir de l'usurpation qu'il s'est permise et dont la chambre des pairs s'est emparée avec tant d'empressement ? La chambre élective reconnaîtra-t-elle au gouvernemeut le droit d'initiative en pareille circonstance ? Permettra-t-elle à la chambre des pairs de réviser sa décision ?

Le pouvoir constituant (1) de la chambre des députés relativement aux questions sur la pairie ne fait plus de doute aujourd'hui : il est inutile d'en faire la démonstration ; elle a été complètement établie. La chambre élective

____

(1) J'ai le premier discuté cette question dans une brochure intitulée : *Simples questions sur l'hérédité de la pairie*, etc. Depuis, le *National*, auquel, en réponse à un article *opposé*, j'avais communiqué cette doctrine, l'a reproduite, ainsi que plusieurs autres journaux.

n'y peut renoncer; c'est un devoir pour elle de faire res-
pecter son pouvoir. Ainsi donc la chambre élective ne doit
pas amender le projet du gouvernement, elle doit le rejeter
et en adopter un autre, qui aura pris naissance dans son sein.

Les conséquences les plus graves pourraient résulter de
sa faiblesse en pareille matière. Si elle reconnaissait à la
pairie le droit d'examiner la question et de réviser sa décision, il pourrait arriver que la réforme de la constitution
de la pairie ne fût point accomplie dans le courant de
cette session. On doit croire que la majorité de la chambre
des pairs partage au moins les principes du ministère, mais
aussi qu'elle a assez d'indépendance pour proclamer ses
doctrines, et refuser son consentement à une législation
contraire, selon elle, aux intérêts bien entendus de la nation. Qu'arrivera-t-il alors? un conflit entre les deux pouvoirs de l'état, une perturbation, et l'anéantissement iné-
vitable du pouvoir aristocratique. Dans le cas contraire, la
déconsidération *la plus complète* de la chambre des pairs.

Voilà le labyrinthe inextricable où le ministère qui veut
nier la *révolution* de juillet, le *règne du peuple*, l'admirable
anarchie des trois jours, a jeté volontairement le pays, en
présentant son projet de loi; si, au lieu d'arracher à la
chambre élective son pouvoir *constituant*, il avait sage-
ment attendu sa décision, le ministère ne serait pas exposé
à un embarras dont il lui sera impossible de sortir avec
honneur.

Quel système de pairie faudrait-il admettre? Chacun
propose le sien. Le ministère prétend qu'aucun n'est prati-
cable. Je crois que le seul système admissible serait de
prendre en tout point le plus opposé à celui présenté par
M. Périer, en maintenant toutefois l'abolition de l'hérédité
de la pairie.